CICLO DE CANCIONES INFANTILES
CHILDREN SONG CYCLE
PEQUEÑA PEQUEÑITA

JAIME LEÓN

Prólogo y edición / Prologue and edition

PATRICIA CAICEDO

Barcelona, 2019

The Latin American and Spanish Vocal Music Collection N. 5

Ciclo de canciones infantiles Pequeña pequeñita
Children Song Cycle Pequeña pequeñita

ISBN 978-1-73390-3523
Paperback
June, 2019
MA0005

© Patricia Caicedo, 2019
© Mundo Arts Publications, 2019

First Edition junio 2019 / **Primera edición**, junio, 2019

Cover Design & Photography / Diseño de Portada y fotografia
Patricia Caicedo

Music copist/ Copia Musical
Fernando Mora Ángel

International Phonetic Alphabeth Transcription / Transcripción al alfabeto fonético internacional
Mariana Pino

Translation of the poetry in to English
Alexandra Rulle

Derechos reservados para todos los países a:
All right reserved worldwide to:

Mundo Arts Publications
Patricia Caicedo

www.mundoarts.com

E-mail: info@mundoarts.com
Phone US: +1-678-608-3588
Phone Spain: +34-696-144-766
New York - Barcelona

ÍNDICE DE CONTENIDOS
TABLE OF CONTENTS

I. Introducción / Introductory study

Presentando la Colección de música vocal Ibérica y latinoamericana 1
Presenting the Latin American and Iberian Vocal Music Collection 20

Prefacio por Robin Moore..3
Foreword by Robin Moore 21

Prefacio por Daniel Sheehy 5
Foreword by Daniel Sheehy 22

Acknowledgements 23

Prólogo 6
Prologue 24

Introducción 7
Introduction 25

Biografía 8
Biography 26

Cronología 12
Chronology 30

La doble naturaleza verbal -musical de la canción 15
The dual verbal musical nature of the song 33

Guía interpretativa y normas de dicción del español 17
Interpretative guide and Spanish diction guide 36

Las canciones infantiles 16
The Children songs 34

Acerca de la autora / About the author 47

II. Poemas / Lyrics

Textos poéticos en español e inglés / Poetic texts in English and Spanish 41

III. Transcripción fonética / Phonetic transcription 44

IV. Partituras / Scores 51

V. Índice de canciones / Song index 77

COLECCIÓN DE
MÚSICA VOCAL IBÉRICA Y LATINOAMERICANA

Es con orgullo y alegría que Mundo Arts Publications presenta la colección de música vocal de América Latina y España.

Durante siglos el estudio de la música vocal ha estado enfocado en el repertorio europeo desconociendo casi por completo la gran riqueza y variedad de la música escrita por compositores de América Latina y España.

Es por esta razón que Mundo Arts Publications se ha comprometido a dar a conocer y promover este repertorio entre los músicos y las audiencias a nivel internacional, contribuyendo de esta manera a la preservación del patrimonio cultural Ibérico y latinoamericano.

Para ellos contamos con un equipo de investigadores conformado por musicólogos, compositores e intérpretes liderado por la soprano y musicóloga hispano-colombiana Patricia Caicedo, reconocida internacionalmente como pionera en la investigación e interpretación de este repertorio.

La **Colección de Música Vocal de América Latina y España** publicará obras escritas a partir del siglo XIX hasta la actualidad. La mayoría de las obras que forman parte de la colección están siendo publicadas por primera vez, razón por la cual, a pesar de ser de una gran calidad musical, son hasta ahora prácticamente desconocidas.

Es por esta razón que consideramos importante que los libros que conforman la Colección de Música vocal de América Latina y España tengan un estudio introductorio que contextualiza a las obras y a sus compositores y poetas. Este estudio se encontrará en español y en inglés.

Nuestro objetivo también es el de proporcionar herramientas prácticas para los cantantes y maestros. Por ello en todos los libros de la colección, el lector encontrará la traducción de las poesías al inglés y la transcripción fonética de las mismas.

Todos estos recursos están pensados para hacer de la Colección de Música vocal de América Latina y España, una colección moderna y práctica; un recurso que proporcione todas las herramientas necesarias para una correcta interpretación.

Demos pues la bienvenida a esta histórica colección que develará los tesoros, hasta ahora escondidos de la música vocal ibérica y latinoamericana.

PREFACIO POR ROBIN MOORE

Instituciones académicas y músicos de todo el mundo están aún por descubrir la riqueza y complejidad de los recursos de la música clásica de América Latina.

Los países de la América hispanoparlante están repletos de maravillosas composiciones y cada país o región ha hecho contribuciones únicas. En términos de música de cámara, música de cine, música electrónica, música orquestal, repertorio sacro y otras numerosas categorías, el patrimonio cultural de esta región tiene mucho que ofrecer.

Las canciones artísticas de Jaime León que forman parte de esta colección, con su refinado lenguaje armónico tonal y con sus evocativos textos, nos traen a la mente obras de compositores de otros países que han hecho un aporte similar: Manuel Ponce, Eduardo Sánchez de Fuentes y Carlos Guastavino, solo por mencionar a unos pocos.

La diferencia del idioma y la distancia geográfica han sido algunos de los factores que han contribuido a la falta de reconocimiento de los compositores latinoamericanos en el extranjero. Europa, en sus estatus de cuna de la tradición musical occidental ha tendido a dar prioridad a su propio patrimonio y a dedicar sus recursos a investigar y ejecutar su música, descuidando casi por completo el estudio de la música de sus antiguas colonias.

Los Estados Unidos, ha fallado también en este punto; su fuerte incorporación de la herencia europea le ha impedido explorar otras áreas de estudio y le ha impedido abrirse a nuevos repertorios.

La colaboración interamericana entre compositores e historiadores de la música se ha demostrado que fue mucho más frecuente en los albores del siglo XX que en décadas recientes. Figuras cómo Carlos Chávez, Amadeo Roldán y Heitor Villa-Lobos colaboraron de manera cercana y productiva con reconocidos musicólogos estadounidenses cómo Nicolas Slonimsky o con compositors cómo Henry Cowell, Aaron Copland y Edgar Varèse.

Esperamos que este espíritu de colaboración interamericana que iluminó a los músicos y musicólogos del pasado, renazca gracias a los nuevos esfuerzos de investigadores cómo Patricia Caicedo. Sus dedicados esfuerzos, que se han manifestado en publicaciones cómo la que se presenta hoy, contribuyen de manera importante a la diseminación del repertorio latinoamericano y a la educación de las audiencias para la comprensión de su significado y belleza.

Dr. Robin Moore
Profesor de musicología Universidad de Texas en Austin
Editor del Latin American Music Review

PREFACIO POR DANIEL SHEEHY

Soy una de esas personas que mantienen la esperanza en la existencia de un mundo plano. En este mundo plano, los méritos de cada persona serían apreciados de la misma manera que los de cualquier otra, sin importar hegemonías nacionales, políticas, culturales o económicas. Este sería un lugar en el que el compositor colombiano Jaime León y muchos otros de su mismo nivel de logro artístico serían mucho más conocidos y ampliamente respetados por la belleza de su trabajo y por el valor humano inherente que él, y ellos nos han entregado.

El maestro León mismo nos ha mostrado la vía hacia esa utopía, al entregarnos orgullosamente los tesoros de su tierra natal, su herencia única, al mismo tiempo que ha sido un ciudadano del mundo, activamente involucrado con los movimientos de su tiempo y conocedor de los lenguajes musicales internacionales, de los procesos de creación y de los diferentes ambientes y culturas.

Esta publicación, es un pequeño pero significativo paso hacia esa visión en la que todos podamos tener acceso a la interacción artística en un mismo nivel.

De la misma manera, que la UNESCO reconoció la ciudad natal de León, Cartagena de Indias, como patrimonio de la humanidad, debemos reconocer y elevar la obra de su hijo cómo un objeto digno de admiración internacional.

En esto, el refinado entendimiento estético y la pasión por la interpretación del repertorio vocal de la Dra. Patricia Caicedo convergen con una de las más creativas venas de la producción musical de Jaime León; las obras para voz y piano, en gran parte basadas en poesías de escritores colombianos.

El resultado de esta afortunada convergencia es esta rara gema de publicación musical, un testimonio del alcance internacional de la obra de León y una invitación a ejecutantes, compositores y conocedores para saborear esta sutil mezcla musical que el maestro Jaime León ha preparado para nosotros. Bon Appetit!

Dr. Daniel Sheehy
Acting director Smithsonian Latin Center
Director and Curator Smithsonian Folkways recordings

PRÓLOGO

Es para mí fuente de alegría presentar el *Ciclo de canciones infantiles Pequeña pequeñita* del compositor colombiano Jaime León Ferro.

Tuve la fortuna de conocerle y de compartir mucho tiempo con él, hablando de su historia, sus gustos musicales, de la familia compartida. Pero ninguna de las conversaciones me acercó tanto a él como la interpretación de sus canciones pues en ellas se evidencian aspectos de su ser que sólo salen a la luz en su música. Juntos actuamos en varias oportunidades, experiencia riquísima que me permitió entenderles mejor, a él y a su música.

Compuso treinta y ocho canciones, veintisiete con poesías de escritores colombianos y once con textos de poetas ecuatorianos. Su elección de las poesías es uno de los aspectos más interesantes; diez y ocho son de temática infantil e incluyen canciones de cuna y canciones en las que el narrador es un niño. Este hecho denota su profunda ternura. El resto de canciones son de temática amorosa, textos apasionados, reflexivos, profundos, que cuestionan los grandes temas del ser humano.

Escuchar sus canciones es escuchar a algunos de los poetas colombianos y ecuatorianos más importantes de los siglos XIX y XX como Eduardo Carranza (1913-1985), Maruja Viera (1922), Rafael Maya (1897-1980), Dora Castellanos (1924), Daniel Lemaitre (1883-1962), Alfredo Gómez Jaime (1878-1946), Isabel Lleras Restrepo (1911-1965), Adalberto Ortiz (1914-2003), Francisco Delgado Santos (1950), Rigoberto Cordero y León (1944-2001) y Jorge Carrera Andrade (1902-1978).

Su música denota un profundo conocimiento del instrumento vocal, sus armonías influenciadas por el jazz y el musical estadounidense al igual que por la música europea, las melodías que siguen la música intrínseca de la poesía, los ritmos que integran armónicamente el folclor colombiano.

Todos estos aspectos reflejan muy bien el recorrido vital de un músico panamericano y universal que supo integrar elementos de los diferentes lugares que habitó y del momento histórico que le tocó vivir. Un hombre sensible, apasionado, talentoso, inteligente y generoso.

Me acerqué a Jaime León a través de sus canciones, canciones cargadas de ternura y delicadeza con las cuales me sentí identificada rápidamente. Primero resonaron en mí las poesías; poesías llenas de sensualidad y sutileza que avivaron mi interés en la poesía y los poetas colombianos. Me identifiqué también con los ritmos, melodías y armonías en las que reconocí elementos de la música andina colombiana, de la música caribeña, de Strauss, de Puccini y con frecuencia encontré las armonías y estilo de las canciones del Teatro musical estadounidense de los años 50.

En la medida en que he desarrollado mi carrera profesional cómo cantante y musicóloga especializada en el género de canción artística latinoamericana e ibérica he tenido la oportunidad de conocer literalmente miles de canciones de compositores de toda Iberoamérica, también he establecido contacto con compositores, poetas y descendientes de los más renombrados creadores del género de canción artística desde el siglo XIX hasta la actualidad.

Esta experiencia me ha permitido adquirir una comprensión del panorama general de la canción artística y me ha ayudado a entender la magnitud del aporte de la obra de Jaime León en el contexto colombiano, panamericano e iberoamericano.

León se presenta como uno de los pioneros del transnacionalismo musical, corriente que aparece a partir de finales del siglo XX y comiezos del siglo XXI cuando gracias a la movilidad geográfica y virtual, los compositores habitan y asimilan expresiones de múltiples estados-nación, integrando elementos identitarios de las diferentes culturas habitadas. Justamente este es el caso de Jaime León quien pasó su vida a caballo entre Colombia y los Estados Unidos, pudiendo considerarse un músico panamericano. Toda esta complejidad se evidencia en su obra musical.

Su obra tiene un carácter de universalidad que se evidencia en la aceptación que despierta en audiencias de diferentes países y contextos, hecho que he tenido la oportunidad de comprobar al interpretar sus canciones en diferentes países. En mi actividad de profesora, he observado que los cantantes adoran estas canciones pues están escritas pensando en el instrumento vocal, sus posibilidades y limitaciones.

Por todas estas razones es una obligación y un privilegio continuar en la tarea de preservar y promover su música para futuras generaciones, unas de las joyas más preciadas del patrimonio musical colombiano.

Patricia Caicedo
Barcelona, 5 de abril de 2019

INTRODUCCIÓN

Uno de los músicos más destacados de la historia de la música artística en Colombia durante el siglo XX, Jaime León se destacó como pianista, director de orquesta, compositor y pedagogo. Su carrera musical se desarrolló principalmente en Colombia y en los Estados Unidos en donde actuó en varios de los escenarios más importantes.

Su producción musical comprende aproximadamente 50 obras, para diferentes formaciones tales cómo voz y piano, piano solo, orquesta, música de cámara y música coral.

Este libro recoge su ciclo de canciones infantiles *Pequeña pequeñita*, un ciclo de seis canciones sobre poesías de autores ecuatorianos.

El libro, además de proporcionar las partituras, aporta todas las herramientas que un cantante necesita para lograr una buena interpretación: un estudio introductorio que contextualiza al compositor, a su obra y a los poetas y transcripción fonética de las poesías. El estudio y las poesías se encuentran también en inglés para cumplir con el objetivo de internacionalización del compositor y de su obra.

Cuando se publicó la primera edición de este libro, en 2009, hasta ese momento no se había publicado ningún trabajo académico dedicado a la obra de León que permitiera evidenciar la importancia de su trabajo en el panorama musical colombiano, panamericano e internacional.

Únicamente se habían publicado su *Ciclo de canciones infantiles* en 1987 en una edición sin propósitos comerciales realizada en Guayaquil, Ecuador, *La campesina* publicada en 1992 por Concultura en el volumen 1 de su colección de música colombiana y las canciones *A ti, Cuando lejos, muy lejos* y *Serenata* publicadas en el libro La canción artística en América Latina, antología crítica y guía interpretativa para cantantes publicado en Barcelona por Edicions Tritó y editado por la autora del presente libro.

El propósito de este trabajo es el de establecer la importancia que la obra de León ha tenido en el medio musical colombiano, el de evidenciar el impacto que su obra ha tenido en la difusión de poesía colombiana y el de proporcionar a cantantes, pianistas, musicólogos y músicos en general una herramienta práctica para la interpretación de sus canciones.

En los dos volúmenes que compilan la obra vocal de Jaime León, el lector encontrará 35 de sus 38 canciones. Se omiten las canciones *A ti, Cuando lejos, muy lejos* y *Serenata* por estar ligadas a otra casa editorial.

BIOGRAFÍA

Jaime León (Cartagena de Indias, 18 diciembre, 1921 – Bogotá, 11 mayo, 2015). Pianista, Director y Compositor.

Nacido en Cartagena de Indias el 18 de diciembre de 1921, desde temprana edad estuvo en contacto con la música gracias a la influencia de sus padres quienes cultivaron la música en el hogar.

En 1924 la familia se traslada a los Estados Unidos, primero a la ciudad de San Francisco y luego a Nueva York. En 1929 inició estudios particulares de piano con el maestro Leo Holtz y con un maestro cubano de apellido Fuentes.

En 1935 la familia regresa a Colombia en donde continúa sus estudios con profesores privados de piano hasta el año 1937 cuando ingresa en el conservatorio de la Universidad Nacional de Colombia para hacer la carrera de piano. Sus maestros fueron Lucía Pérez y Tatiana Gontschrowa. Edgard Schenkmann, Vittorio Giannini y Bernard Wagenaar.

En 1941 se trasladó a Nueva York para seguir estudios superiores de piano gracias a una beca otorgada por la Juilliard School of Music. Sus maestros fueron el ruso Josef Lévine y el alemán Carl Friedberg, uno de los últimos discípulos de Clara Wieck-Schumman. Obtuvo el grado superior de piano en 1945.

Posteriormente obtuvo una beca para continuar sus estudios de dirección de orquesta y composición en Juilliard School baja la tutela de los maestros Edgard Schenkmann, Vittorio Giannini y Bernard Wagenaar. Paralelamente a sus estudios, viajó con frecuencia a Colombia a presentar recitales de piano. En 1947 le nombraron director de la Orquesta Sinfónica Nacional de Colombia en reemplazo de Guillermo Espinosa. Por esta razón interrumpió sus estudios en Juilliard School y regresó a Colombia, en donde inició una importante labor al frente de la orquesta. En el mismo año conoció a Beatriz Carreño Mutis, secretaria del Conservatorio Nacional de Música, con quien se casa en 1949.

Mientras estuvo al frente de la orquesta se destacó como profesor de piano del Conservatorio de la Universidad Nacional de Colombia. Ocupó el cargo de director por aproximadamente dos años hasta que regresó a los Estados Unidos en donde se desempeñó como director de numerosas orquestas, en producciones de ópera y teatro musical. En 1955 le nombraron Director Asistente de la Orquesta del American Ballet Theatre. Al frente de esta orquesta viajó a varios países de Europa y del medio oriente y actuó en varios de los más importantes teatros del mundo. Este cargo lo conservó hasta 1958.

A partir de esta época empieza su vinculación con diversas orquestas y compañías de ópera y teatro musical de los Estados Unidos, como la orquesta de la State Fair de Dallas, Texas, en donde dirigió producciones de ópera y teatro musical y la orquesta de la compañía TUTS (Theater Under the Stars) de Atlanta, Georgia la cual dirigió en el año 1960.

En 1968 regresó a dirigir la orquesta del American Ballet Theater, esta vez como director titular, cargo que mantuvo hasta 1972 cuando regresó definitivamente a Colombia como director de la Orquesta Filarmónica de Bogotá.

Su labor como compositor de canciones se inició en 1951 cuando compuso su primera canción para voz y piano *Aves y Ensueños*. Esta fue la primera de una nutrida producción de obras vocales inspiradas en poesías de poetas colombianos.

Su obra vocal empezó a difundirse a partir de la década del setenta cuando figuras como la soprano colombiana Carmiña Gallo empezaron a incluirlas en programas de concierto. Las primeras grabaciones de sus canciones se realizan en Washington D.C. en la Catholic University bajo los auspicios de la Organización de los Estados Americanos.

A partir del año 1977 se vinculó a Colcultura como asesor en el área de música. Entre los cargos que desempeñó se destacan el de director del Teatro Colón de Bogotá, director asociado de la Orquesta Sinfónica de Colombia y director de la Orquesta de la Ópera de Colombia. Actuó como director invitado de todas las orquestas colombianas dirigiendo a solistas nacionales y extranjeros.

Por su larga y fructífera carrera y su invaluable aporte a la vida musical del país le fue otorgada en el año 1988 la Orden al Merito Artístico en calidad de oficial. Entre los premios recibidos podemos citar la condecoración otorgada por el Ministerio de Cultura en el año 2001, la orden "Edmundo Mosquera Troya" otorgada por el Festival de música religiosa de Popayán en el año 2003, la Orden del Merito Filarmónico otorgado por la Orquesta Filarmónica en el año 1996, el reconocimiento a la trayectoria musical otorgada por la Orquesta filarmónica en el 2005, la Orden al Mérito Filarmónico otorgada por la Orquesta filarmónica de Bogotá en agosto 15 del 2007.

En 2005 la Universidad EAFIT de Medellín dedicó su tercera semana de música contemporánea a su obra León. En el año 2009 el Barcelona Festival of Song, un curso de verano dedicado a la promoción y estudio del repertorio vocal Iberoamericano homenajeó su figura programando conferencias, conciertos y clases dedicados al estudio de su obra. En 2013 el Ministerio de Cultura le homenajeó con un concierto de la Orquesta Sinfónica Nacional en el que se interpretaron su *Misa Brevis* y las Canciones infantiles.

Aunque la mayoría de sus composiciones son canciones para voz y piano, también compuso obras para piano solo como su *Tema y variaciones*, los preludios *Made in USA*, *Remembranzas* y un *Tríptico para piano* compuesto por un *Nocturno*, una *Cumbia* y un *Pasillo*. Esta última obra dedicada a los pianistas Harold Martina, Helvia Mendoza y Pablo Arévalo respectivamente. Entre su producción sinfónica encontramos las *Variaciones sobre un tema de Bizet* y su bellísima *Misa Breve* estrenada en el Festival de Música religiosa de Popayán en 1980.

Gracias a la publicación en 2009 de dos volúmenes con su obra para voz y piano esta parte de su obra está adquiriendo gran reconocimiento internacional y es hoy en día interpretada en escenarios internacionales. Sus canciones son parte del curriculum del *Barcelona Festival of Song* que cada año recibe estudiantes de canto de todo el mundo. Sus canciones han sido grabadas por Patricia Caicedo y Nikos Stavlas para Mundo Arts Records.

León murió el 11 de mayo de 2015 en su casa en Bogotá, acompañado por su esposa de más de sesenta años, Beatriz Carreño Mutis.

Por su incansable labor para elevar el nivel musical en Colombia y por su labor como embajador cultural y pedagogo, Jaime León es sin duda una de las figuras más importantes de la música artística en el siglo XX en Colombia y en los Estados Unidos.

CRONOLOGÍA

AÑO	EVENTO O COMPOSICIÓN
1921	Nace en Cartagena de Indias, Colombia, el 18 de diciembre
1924	Parte con su familia para los Estados Unidos. Se instalan en San Francisco, California, EEUU
1929	Se traslada junto con su familia a New York. Comienza a estudiar música con su padre y luego con Leo Holtz.
1935-1937	Estudia en la escuela St. Benedicts Preparatory School de Newark, NJ (deja los estudios por regreso a Colombia).
1937-1939	Estudia con los Hermanos Cristianos en Bogota hoy Colegio de la Salle.
1939-1940	Estudia en la Escuela Nacional de Comercio en donde recibe grado en ciencias sociales.
1939-1943	Se matricula en en Conservatorio Nacional de Bogotá. Estudia piano con el maestro Lucio Pérez.
1941	Participa en un curso de interpretación con el maestro Claudio Arrau en Bogotá.
1943	Ingresa en Juilliard Institute of Musical Arts el 25 de Septiembre. Estudia con Carl Friedberg y Joseph Levine.
1945	Recibe su grado como pianista de Juilliard School of Musical Arts.
1945	Obtiene beca para continuar sus estudios de composición y dirección de orquesta en la Juilliard School. Estudia con Edgard Schenkman.
1947	Se retira del programa de dirección de orquesta el 23 de enero.
1947-49	Es nombrado director de la Orquesta Sinfónica Nacional de Colombia. Dirige 34 conciertos con importares solistas invitados. Su último concierto como director es en 1949 con Jesus Maria Sanroma.
1948	Regresa a Juilliard y se matricula en el postgrado de dirección de orquesta. Estudia con Dean Dixon. Interrumpe sus estudios para regresar a su puesto de decano del Conservatorio Nacional de Música de Colombia en Bogotá.
1948-1949	Se desempeña como Decano y profesor de piano del Conservatorio Nacional de Música de Colombia en Bogotá
1948	Actúa como director invitado de la Orquesta filarmónica de Guatemala.
1949	Se retira de Juilliard School of Music el 24 de febrero.
1950	Organiza un grupo de cámara bajo el patrocinio de la Radio Nacional de Colombia.
1951	Compone su primera canción titulada Aves y Ensueños, 20 de Octubre

AÑO	EVENTO O COMPOSICIÓN
1952	Compone las canciones La Campesina, el 7 de Mayo y Canción de Noel, el 31 de Octubre
1955 -1958	Es nombrado director asistente de la orquesta del American Ballet Theatre. Sirve como asistente de Joseph Levine. Numerosos viajes con el ABT.
1950's	En Dallas dirige musicales y operas para la Dallas State Fair.
1958	Director del coro para la producción de Medea de la Dallas Civic Opera Company. En esta producción actuan como director el maestro Nicholas Rescigno y como Medea, Maria Callas. [Grabación Melodram MEL 26016 (1988); Gala GL 100.521 (1994).]
1964	Dirige el estreno europeo del Harkness Ballet.
1960's	Director musical del Theatre Under the Stars en Atlanta, Georgia. Director musical del Atlanta Civic Ballet.
1968-1972	Regresa al American Ballet Theater como director principal.
1971	Dirige el estreno del ballet de Duke Ellington "The River" con coreografía de Alvin Ailey. Estreno realizado en el Metropolitan Opera House de New York. Este ballet se presenta también en la inauguración del John F. Kennedy Center for the Performing Arts en Washington, D.C.
1972	Regreso definitivo a Colombia com director artístico de la Orquesta Filarmónica de Bogotá. Poco tiempo después es nombrado director en residencia de la Orquesta de la Ópera de Colombia.
1975	Se graban algunas de sus canciones artísticas en la Benjamin T. Rome School of Music de la Catholic University of America en Washington, D.C. con la soprano Carmiña Gallo y el mismo maestro al piano.
1976	Compone las canciones Cancioncilla y Serenata
1977-1987	Es nombrado Asesor del Instituto Colombiano de Cultura (COLCULTURA)
1977	Lanzamiento del disco de canciones artísticas por la organización de estados Americanos Carmiña Gallo, soprano y Jaime León al piano. Compone las canciones Gotas de Ajenjo, A mi ciudad nativa
1979	Compone las canciones Letra para cantar al son del arpa y A ti
1980	Cómpone la canción Todo pasó, el 5 de Noviembre
1982	Cómpone la canción Algún día
1983	Cómpone la canción Rima
1984	Cómpone la canción A mi ciudad nativa

AÑO	EVENTO O COMPOSICIÓN
1986	Compone el su ciclo de canciones infantiles sobre poesía de poetas ecuatorianos compuesto por las canciones: El Muñeco Dormilón, Viaje, compuestas el 9 de febrero, Caballito de Madera, compuesta el 15 de febrero, Pequeña Pequeñita, compuesta el 18 de febrero, La Tunda para el Negrito, compuesta el 23 de febrero, y El columpio compuesta el 28 de febrero.
1988	Recibe la Orden al Merito Artístico otorgada por el presidente Virgilio Barco.
1989	Compone las canciones tituladas Canción y Tu madre en la fuente (Canción de Cuna)
2001	Recibe la Orden al mérito cultural del ministerio de cultura.
2001	Lanzamiento en España del CD Art Songs of Latin America con dos canciones del maestro Jaime León. Soprano Patricia Caicedo, pianista Pau Casán. Albert Moraleda Records, Barcelona
2002	Grabación en Hungría del CD: Canciones de las Américas que contiene 4 canciones del maestro León. Maria Teresa Uribe, soprano & Balázs Szokolay, piano. Hungaraton Records.
2003	Es condecorado con la Orden "Edmundo Mosquera Troya" por parte del Festival de música religiosa de Popayán.
2005	La universidad EAFIT de Medellín celebra la semana Colombo-Catalana en Homenaje de maestro Jaime León. Abril 18-23
2005	Publicación del libro La canción artística en América Latina: Antología crítica y guía interpretativa para cantantes. En este libro hay tres canciones del maestro Jaime León. Publicado por Edicions Tritó de Barcelona, recopilación y edición de Patricia Caicedo.
2005	Diciembre: Lanzamiento en España del CD "A mi ciudad nativa" con cinco canciones nunca antes grabadas del maestro Jaime León. Patricia Caicedo, soprano & Eugenia Gassull, piano. Mundo Arts Records.
2009	Se publica el libro Obra completas para piano y voz que incluye las 36 canciones escritas por León.
2009	El Barcelona Festival of Song realiza un homenaje a la vida y obra de Jaime León. Este homenaje comprende la presentación de un concierto, conferencias y el lanzamiento del libro con su obra vocal. Para más información visitar: www.barcelonafestivalofsong.com
2013	Homenaje del Ministerio de Cultura de Colombia en Bogotá con la participación de la Orquesta Sinfónica de Colombia y la actuación de la soprano Patricia Caicedo.
2015	Muere en Bogotá el 11 de mayo.
2019	Se publica la segunda edición de sus canciones para voz y piano
2021	El Barcelona Festival of Song celebra los 100 años de su nacimiento con conferencias y conciertos en torno a su obra vocal.

La doble naturaleza verbal - musical de la canción: Jaime León y su relación con la poesía colombiana y latinoamericana

"La poesía y la música son una comunidad, forman un abrazo intimo que no se puede separar...porque la poesía en si misma tiene un cierto ritmo que yo sigo con la música."
Jaime León, 11 de marzo del 2008

Desde el surgimiento del género de Lied o canción artística, la principal motivación en su composición fue la de resaltar las palabras, el texto poético. En esta unión de música y poesía, la melodía pasa de lo declamatorio a lo cantábile y frecuentemente une estos dos momentos en una sola frase. Todo para resaltar el significado del texto. De esta manera es como el compositor y el intérprete se acercan a la obra a través del texto, los dos están al servicio de la poesía.

La composición del Lied no sería posible sin la poesía, que es la que determina a la melodía, su tono afectivo, su ritmo y le confiere carácter y sentido a la obra musical. Esta doble naturaleza verbal-musical de la canción artística, exige que primero observemos la poesía para poder entender e interpretar el género.

En Colombia, al igual que en el resto de América Latina, a partir de los años veinte, y con la acogida de las ideologías nacionalistas, surgió un movimiento de compositores e intérpretes que estuvieron ligados a la música folclórica o que utilizaron elementos de estas músicas en sus composiciones al tiempo que se interesaron por las poesías por musicalizar a los poetas "propios".
Se abrió las puertas a un cúmulo de experimentaciones y a la utilización de poemas en lengua vernácula, con el uso de arcaísmos, vocablos rurales y algunas veces lenguas indígenas. La afinidad de los compositores con los poetas locales señalaba una búsqueda compartida de consolidación de la identidad cultural."

En las canciones artísticas latinoamericanas los temas más comunes son los temas amorosos y las descripciones del paisaje local. La mayoría de las canciones describen estados emocionales y situaciones de amor-desamor que son constantes universales. Las descripciones del paisaje, del terruño lejano, de los "pagos", del "ayllu" y las alusiones a la tierra de belleza idealizada también son frecuentes, especialmente porque estos paisajes y circunstancias se asocian con el mundo rural que es el mundo de donde proviene la música folclórica que fue fuente de inspiración, la mayoría de las veces, inspiración idealizada para muchos de compositores en su búsqueda nacionalista.

En Colombia, desde la primera mitad del siglo XX, los compositores tuvieron predilección por los poetas locales, tales como José Eustacio Rivera (1889-1928), José Asunción Silva (1865-1896), Otto de Greiff (1903-1995), Jorge Isaacs (1837-1895), Eduardo Carranza (1913-1985), Rafael Pombo (1833-1912), Julio Flores (1863-1923) y Porfirio Barbajacob (1885-1942), entre otros.

En una etapa más tardía, Jaime León también se inspiró en los grandes poetas colombianos. Según sus propias palabras fue cuando vivía en Nueva York cuando recibió, de manos del compositor Luis Alberto Escobar un libro de antología de la poesía colombiana. Escobar le sugirió que pusiera música a algunas de estas poesías, consejo que León siguió guiado por su impulso creador.

Su gran habilidad fue la de tener la sensibilidad para escuchar la música intrínseca de la poesía. De una forma natural, sentimos cómo el compositor sigue y respeta el ritmo de las palabras y las enriquece con complejas y sutiles armonías.

En lo referente a la elección de las poesías, León se interesó especialmente por temática amorosa e infantil. De sus 38 canciones 18 son de temática infantil o relacionadas con lo infantil; nanas, canciones de navidad y canciones en las que la primera persona es un niño que narra sus vivencias.

Si analizamos su obra podemos concluir que su poeta predilecto fue Eduardo Carranza, de quien musicalizó un total de 10 canciones (*Don Paramplín, Canción de cuna, Canción, Tu madre en la fuente, Ojuelos de miel, Rima, Cancioncilla, Vago soneto, La casa del lucero, Letra para cantar al son del arpa*).

Las canciones infantiles

En febrero de 1986 Jaime León compuso el ciclo de canciones infantiles *Pequeña pequeñita* sobre poesías de poetas ecuatorianos. Lo estrenó junto a la soprano ecuatoriana Beatríz Parra.

Pequeña, pequeñita incluye 6 canciones: *Pequeña pequeñita, El muñeco dormilón, Caballito de madera, Viaje, La tunda del negrito* y *El columpio*.

El ciclo es muy ameno y describe diversas experiencias desde la perspectiva de un niño pequeño, también explora diversas emociones de la infancia y situaciones que integran a la infancia, una infancia decididamente latinoamericana en las formas de expresión, en los vocablos regionales, en los ritmos y en las descripciones de situaciones locales..

Pequeña pequeñita es narrada en primera persona por una niña pequeña que explora su casa, juega y sueña con la llegada de su adorado padre. La poesía es del destacado autor y editor de libros para niños **Francisco Delgado Santos** (Cuenca, 1950). Del mismo poeta son los textos de *El muñeco dormilón* y *Caballito de madera*.

El muñeco dormilón es narrada por un niño que describe los esfuerzos de su madre para dormirle y los regaños y tretas que utiliza para convencerle. Esta escrita en rítmo de bambuco, ritmo folclórico de la zona andina colombiana.

Caballito de madera es una historia fascinante vista también desde la óptica de un niño de unos ocho años, un niño que con su caballito de madera explora universos fantásticos en los que descubre princesas y ogros con los que se enfrenta y sale victorioso. Esta canción es rica en descripciones y personajes, es colorida y alegre.

En contraste, la canción *Viaje* es una canción de cuna triste, que narra realidad de los niños pobres que duermen en las calles, niños sin techo que sueñan con viajar a universos fantásticos y mágicos en donde alejarse de su dura realidad. Es una canción triste y con un elemento de crítica social pues describe una realidad que aún hoy es presente en América Latina y en muchos lugares del mundo en donde miles de niños malviven en las calles, sin ninguna protección del estado. El poema es de **Renan de la Torre** (Quito, 1945-2005), al igual que *El columpio*.

La *tunda para el negrito* es una canción costumbrista que con ritmo sincopado describe la relación entre una madre y su pequeño negrito. La poesía, del gran poeta afro-ecuatoriano **Adalberto Ortíz** (Esmeraldas, 1914 -2003), utiliza idioma costumbrista, jerga local que busca retratar fielmente el contexto de las comunidades afro-ecuatorianas del pacífico. **Con su poesía**, **Ortíz buscaba** valorizar el aporte y los elementos culturales de las comunidades afrodescendientes de la franja costera de Guayaquil.

Tunda significa literalmente reprimenda, palmadas. En la canción la madre amenaza al niño con una tunda para que se porte bien. Sin embargo, al final de la canción la madre se enternece y acepta que nunca podría pegarle a su negrito, que lo quiere tanto que sólo vive para protegerlo y cuidarlo y que pegarle no es una opción.

El Columpio cierra el ciclo. Es un canto soñador que alude a la pureza de la infancia, a su capacidad de transcender, de elevarse sobre la cotidianidad, de volar con imaginación.

Guía de interpretación y reglas de dicción del español

"L'essentiel dans l' art est l' expression"
Victor Cousin

La interpretación de la canción artística entraña especiales retos para el cantante, quien debe conocer a la perfección el poema y su significado, al igual que el ritmo que tienen las palabras habladas. Estructura, movimiento del verso, organización de las líneas, rima y estrofas determinan la forma de interpretar estas canciones.

Para lograr la óptima interpretación de estas canciones sugerimos al cantante que lea muy bien el texto, que lo recite y que lo entienda, para lo cual, en caso de que su lengua materna no sea el español, podrá utilizar las transcripciones al Alfabeto Fonético Internacional y las traducciones al inglés que encontrará en la página precedente a cada canción.

Hemos puesto los textos, sus traducciones y transcripciones antes que las partituras para obligar al cantante a leer primero la poesía y a entrar en el universo del poeta y percibir las sutilezas emocionales del texto antes de tener contacto con la música.

En todas las canciones, pero especialmente en las de forma estrófica, de estructura muy similar a la de las canciones populares -ya que en ellas se repite una y otra vez el mismo tema musical pero con distintas estrofas-, es especialmente importante el aporte del cantante, quien le da vida a la canción y la hace interesante por medio del cambio de colores e intensidad de la voz voz voz. Él es quien le da expresión de acuerdo al significado.

Hemos de recordar al cantante que su objetivo es el de comunicar, el de contar una historia, el de comunicar un sentimiento. Más que mostrar una bella voz, el cantante está comunicando una historia, contando un cuento, y es por ello que es tan importante interiorizar el texto y su significado y tratar de buscar en los propios recuerdos, en la propia historia, sentimientos semejantes que pudieran ayudarnos en el momento de interpretar.

Una vez que se ha leído este texto varias veces y se ha entendido su significado, sugerimos identificar sus puntos climáticos, es decir la frase o frases que sintetizan o resuelven el contenido emocional de la pieza. Cada cantante expresará a su modo las emociones contenidas en la canción y revelará de una manera personal el clímax de la misma. En la medida en que el cantante trabaje las obras junto a su pianista acompañante irá identificando otros puntos climáticos relacionados con la melodía, el acompañamiento y con su propia sensibilidad.

En la obra de León es de especial importancia trabajar los ritmos y las líneas melódicas, líneas largas, sostenidas que acentúan la mayoría de las veces el contenido poético. También, en cada canción encontramos variaciones de tiempo que deben respetarse porque coinciden con cambios en el tono emocional de la poesía.

En cuanto a la pronunciación del español de Colombia, nos encontramos con el tópico de los acentos regionales, el cual genera controversia por la diversidad tan grande de acentos y pronunciaciones que existen en la extensa geografía Colombiana.

Cada región tiene su acento característico. Esta diversidad de pronunciaciones dificulta el establecimiento de normas, pues ellas se volverían infinitas, hecho que sería muy poco práctico a la hora de interpretar canciones. Lo que sí podemos hacer es señalar las tendencias de pronunciación generales de orden constante o esporádico, las cuales sugerimos poner en práctica a la hora de cantar canciones en español escritas por compositores latinoamericanos. Éstas son:

1. En castellano existe el ceceo que consiste en que cada vez que las letras /c/ y /z/ están seguidas de i o e se pronuncian como [θ]. Es un fricativo que se pronuncia sacando la lengua y poniéndola entre los dientes, como el sonido /th/ del inglés. En el español de Latinoamérica y particularmente en el de Colombia, estas mismas letras se pronuncian como s [s], lo cual se denomina seseo. En la región de Antioquia las s se pronuncian como [Σ]. Pero la regla general es pronunciar las /c/, /z/ y /s/ como [s].

2. La aspiración o pérdida de la /s/ al final de las sílabas: Este rasgo de naturaleza esporádica se extiende presenta sobretodo en las regiones de la costa atlántica y pacífica colombiana. En el resto del país la /s/ se pronuncia normalmente, así que recomendamos al cantante ser muy cuidadoso en su pronunciación.

3. Nivelación de la /ll/ y /y/: Este fenómeno conocido como yeísmo aparece en casi toda América Latina, pero es de predominio urbano. Se caracteriza por la falta de distinción entre la /ll/ y /y/. El sonido de /ll/ es reducido al de [j].

CHILDREN SONG CYCLE
PEQUEÑA PEQUEÑITA

THE LATIN AMERICAN & IBERIAN VOCAL MUSIC COLLECTION

It is with pride and pleasure that Mundo Arts Publications presents the Latin-American and Spanish vocal music collection.

For centuries the study of vocal music has focused on the European repertory, almost completely failing to recognize the great richness and variety of the music written by composers from Latin America and Spain.

It is for this reason that Mundo Arts Publications has committed itself to introducing and promoting this repertory among musicians and audiences at the international level, contributing in this way in the preservation of the Ibero-American cultural patrimony.

For this purpose, we rely on a team of researchers comprised of musicologists, composers and vocalists, led by Colombian-Spanish soprano and musicologist Dr. Patricia Caicedo, recognized internationally as the pioneer in the investigation and performance of this repertory.

The Latin-American and Spanish Vocal Music Collection will publish works written from the nineteenth century to the present. The majority of the works that will form part of our collection are being published for the first time, which is why, despite being of great musical quality, they are unknown until now. It is for this reason that all of the books that comprise the Latin-American and Spanish Vocal Music Collection have an introductory study that contextualizes the works and their composers and poets. This study will be presented in Spanish and English.

Because we are also trying to provide practical tools for singers and teachers, the collection provides the translation of the poems into English and their phonetic transcription. All of these resources are intended to make the Latin-American and Spanish Vocal Music Collection a modern and practical collection; an audiovisual resource that provides all the tools necessary for a correct performance of the works.

We therefore welcome this historic collection that will reveal to us the hitherto unknown treasures of the vocal music of Ibero-America.

FOREWORD BY ROBIN MOORE

Academic institutions and performers in many parts of the world have yet to discover the wealth of classical musical resources that exist in Latin America. The Spanish Americas are replete with outstanding compositions, and every country and region has made its unique contribution. In terms of chamber music, film music, electronic composition, orchestral scores, sacred repertoire, and in countless other categories, the cultural heritage of this region has much to offer. The art songs collected here by Jaime León, with their refined late tonal harmonic language and evocative texts, bring to mind similar works by the artist's many counterparts in other countries: Manuel Ponce, Eduardo Sánchez de Fuentes, and Carlos Guastavino, to mention only a few.

Differences of language and geographical distance have contributed to the lack of recognition of Latin American classical composers abroad, but other factors have contributed as well. Europe, as the cradle of Western canonical concert traditions, has tended to prioritize its own heritage through research and performance rather than the products of its former colonies. The United States, has largely failed to challenge this focus; its strong embrace of European heritage has precluded exploration in other areas, and an openness to new repertoire.

Inter-American collaborations among certain composers and music historians were demonstrably more frequent in the early twentieth century than has been the case in more recent decades. Figures such as Carlos Chávez, Amadeo Roldán, and Heitor Villa-Lobos collaborated closely with well known musicologists in the United States such as Nicolas Slonimsky, and with composers Henry Cowell, Aaron Copland, and Edgar Varèse. Let us hope that this past spirit of collaboration can be sparked a new through the efforts of researchers such as Patricia Caicedo. Her diligent efforts, manifest in publications such of this one, contribute in significant ways to the dissemination of Latin American repertoire, and to educating the broader public as to its significance and beauty.

Dr. Robin Moore
Professor of Musicology, University of Texas en Austin
Editor of the Latin American Music Review

FOREWORD BY DANIEL SHEEHY

I am one of those people who still hold hope that the world would be flat. In this flat world, every person's merit would be considered on the same par as everyone else's, undistorted by national, political, economic, and cultural hegemonies.

It would be a place in which Colombian composer Jaime León and others of his artistic accomplishment would be much better known and more widely revered for the beauty and inherently human value that he and they have offered us.

Maestro León himself has shown us the way toward this utopian ideal, by proudly donning the clothes of his native land's unique heritage while living fully his statesmanlike citizenship in the broader world, actively engaging international musical languages, inventions, and ambiences.

This publication is a small but significant step toward this vision of a level field of artistic access and interaction. A modest parallel to UNESCO's recognition of León's birthplace of Cartagena de Indias as a World Heritage site, it holds up its native son's music as an object worthy of world admiration. In it, Dr. Patricia Caicedo's honed aesthetic discernment and passion for vocal performance converge with one of the richest veins of Jaime León's creative corpus—works for voice and piano, in large part based on poems by Colombian writers.

The result is this rare gem of published music, a testimony to León's internationalist outlook and an invitation to performers, composers, and savants to savor this subtle musical blend that Maestro Jaime León has prepared for us. Bon appetit!

Dr. Daniel Sheehy
Acting director Smithsonian Latin Center
Director and Curator Smithsonian Folkways recordings

ACKNOWLEDGMENTS

I feel very fortunate to be able to present this book with the vocal work of Colombian composer Jaime León, because this moment represents the culmination of a long, sometimes complex, and always challenging process.

The first edition of this book was published in 2009. It was possible thanks to the contribution of a group of enthusiastic, creative and generous people who believed in the importance of the project and with their contribution made it possible to fulfill the dream of making known the work of one of the most important composers of the twentieth century in Colombia.

For the launch of the first edition in 2009, we had the presence of maestro León at a beautiful event that took place at the Luis Ángel Arango Library in Bogotá. On that occasion, I had the opportunity to sing accompanied by him, a privilege. The support, love, and trust of Jaime León and his wife Beatriz have been an invaluable gift that has enriched my life in many aspects. They also served as inspiration for the project facilitating the process with their always generous collaboration.

Very important were the contributions of Victoria Sofía Botero who provided chronological data of the composer, Mariana Pino, who made the phonetic transcriptions of the poetry to the International Phonetic Alphabet (IPA), and Alexandra Rulle who made the translation of the poetry into English under the supervision of Dr. Mary Friedman of Wake Forest University in North Carolina (USA).

The creation of this book would not have been possible without the financial support of Antonio Aura, a Catalan philanthropist who selflessly trusted and supported this project. Thanks to him and to the enthusiastic team of Mundo Arts, the goal of publishing these songs that represent some of the most precious jewels of the Colombian musical heritage could be achieved.

To each, and everyone, many thanks!. Thanks also to the people who discover these songs and contribute to promote and appreciate them.

Patricia Caicedo
Barcelona, June 20th, 2019

PROLOGUE

It is a source of great happiness to be able to present this book with the entire corpus of works for voice and piano of composer Jaime León Ferro.

I had the fortune to meet Jaime León and to share a lot of time with him, speaking about his history, his musical tastes, about the shared family. But none of the conversations got me as close to him as the interpretation of his songs because they show aspects of his being that only come to light in his music. Together we performed on several occasions, an unforgettable experience that allowed me to understand him and his music better.

He composed thirty-eight songs, twenty-seven with poems by Colombian writers and eleven with poetry by Ecuadorian poets. His choice of poetry reveals interesting aspects of his personality; eighteen songs are of children's themes, including lullabies and songs in which the narrator is a child. This fact denotes his deep tenderness. The rest of the songs are about love themes, passionate texts, reflective, profound, that question the most significant issues of human existence.

His music says a lot about him and his story; his in-depth knowledge of the vocal instrument, his harmonies influenced by jazz and the American musical as well as European music, the melodies that follow the intrinsic music of the poetry, the rhythms that harmonically integrate Colombian folklore.

All these aspects reflect very well the journey of a Pan-American and universal musician who knew how to integrate the elements of the different places he inhabited and the historical moment he had to live — a sensitive, passionate, talented, intelligent and generous man.

I first approached Jaime León through his songs, songs infused with tenderness and delicacy and with which I readily identified.

First, the poems resonated in me; poems filled with sensuality and subtlety that inspired me to approach with increasing interest the beautiful work of the Colombian poets. Of course, the rhythms, melodies, and harmonies created by León resonated profoundly in me, since I could recognize elements of Colombian Andean music, Caribbean music, Strauss, Puccini, frequently even Gershwin, and the songs of the musical theater of the US in the 50s in general.

In that my career has developed as a singer and musicologist specializing in the Latin American and Spanish art song, I have had the chance to get to know many composers all over Ibero-America and to be in contact with composers, poets, and descendants of the most important creators of Ibero-America since the nineteenth century. This experience has given me a complete vision of the meaning of León's vocal work in the context of Colombian and Latin American music.

León appears as one of the pioneers of musical transnationalism, a trend we are just beginning to recognize and to understand at the dawn of the twenty-first century when geographic and cultural mobility has converted many of us into transnational subjects, mixed people, with shared identities and lifestyles that integrate elements from different cultures. All of this complexity is palpably expressed in León's music.

The singer in me has had numerous opportunities to perform his songs on stage in Europe and the United States, always finding a receptive and enthusiastic audience. I believe it happens because his songs have a character of universality. In my teaching activity, I observed that singers love to perform these songs because they are written with the possibilities and limitations of the vocal instrument in mind.

This whole process of getting to know León's work and having the privilege of sharing many moments with him and his wife Beatriz, of hearing his stories, of singing with him at the piano, of seeing the manuscripts of his works and of knowing him, not only as a musician but also as the marvelous person that he was have made me closer to the man and his works. All these experiences made me aware of the importance of Leon´s work as one of the pillars of Colombian and Panamerican vocal music of the twentieth century, encouraging me to preserve and pass on his legacy to humanity.

Patricia Caicedo
April 20, 2019

INTRODUCTION

Considered one of the foremost musicians in the history of art music in Colombia of the twentieth century, maestro Jaime León stood out as a pianist, orchestra director, composer and teacher.

His musical production comprises approximately 50 works, for different media such as voice and piano, piano solo, orchestra, chamber music, and choral music. His musical career has developed mainly in Colombia and in the United States, where he has performed on many of the most important stages.

León acquired international recognition as an orchestra director, having been the director of the American Ballet Theater Orchestra in New York for a few years and having directed orchestras and opera productions and musical theater in the United States and in various countries in Europe and Asia.

The present work groups his compositions for voice and piano while seeking to recount the life and work of Jaime León, his career as a director and composer, and his contribution to the development of music in Colombia. We consider his songs for voice and piano are central in the artist's musical life and also in the history of the Colombian art song of the twentieth century.

The book, in addition to providing the scores, provides all the tools a singer needs to achieve a good performance: an introductory study that contextualizes the composer, his work and the poets and the phonetic transcription of the poems.

The study and the poetry are also in English to meet the goal of internationalization of the composer and his work.

When the first edition of this book was published, in 2009, until then, no academic work had been published dedicated to the work of León that would make it possible to demonstrate the importance of his work in the Colombian, Pan-American and international music scene.

At the time, only his children song's cycle had been published in 1987 in a non-commercial edition in Guayaquil, Ecuador. A few isolated songs had also been published; La campesina published in 1992 by Concultura and the songs *A ti*, *Cuando lejos*, and *Serenata* published in 2005 as part of the Latin American art song anthology published by the same author of this book.

Publishing his complete vocal works sought to establish the importance of Leon's contribution of Colombian and International music. It also looked to show the impact that his work has had in the dissemination of Colombian poetry and to provide singers, pianists, musicologists, and musicians, in general, a practical tool for the interpretation of their songs.

In the two volumes compiling the vocal works of Jaime León, the reader finds his 38 songs.

In Leon's music the performer will identify rhythms, melodies, and harmonies derived from the influence received from European, from the United States, and Colombian folk music.

We attempt to present León as a Colombian composer, but also as a US composer. He is an example of a Pan-American musician and one of the first proponents of musical transnationalism who reflects complex interactions of identity that free the composer from the limits of the nation-state in which he was born and allows him to decipher, represent, and interact with values and aesthetics belonging to places where he lived.

BIOGRAPHY

Jaime León (Cartagena de Indias, Colombia, 1921 – Bogotá, 2015). Pianist, Conductor, and Composer.

Born in Cartagena de Indias, Colombia, León was in contact with music thanks to the influence of his parents Alicia Ferro Roman and Luis Enrique León Lozada, who cultivated music in their home and stimulated the young León to begin his studies. He received his first music lessons from his father.

In 1924, his family moved to the United States, first to San Francisco and then to New York. In 1929, he began private piano lessons with maestro Leo Holtz and with a Cuban maestro whose last name was Fuentes.

In 1935, the family returned to Colombia where the young musician continued his studies with private piano teachers until 1937, when he entered the National University of Colombia Conservatory to study the piano. His teachers were Lucia Perez and Tatiana Gontschrova.

In 1941, he moved to New York City where he was accepted at The Juilliard School of Music to continue studies in piano. His teachers were Russian Josef Levine and German Carl Friedberg, who was one of the last disciples of Clara Wieck-Schumman. He obtained his university degree in piano in 1945.

Later, León won a scholarship to continue his orchestral direction and composition studies at Juilliard under the guidance of maestros Edgard Schenkmann, Vittorio Giannini and Bernard Wagenaar. In the course of his studies, he often traveled to Colombia where he gave piano recitals.

In 1947, León was named director of the National Symphony Orchestra of Colombia, replacing maestro Guillermo Espinosa. For this reason, he interrupted his studies at Juilliard and returned to Colombia where he began an important task at the head of the orchestra. In this same year, he met Beatriz Carreño Mutis, the secretary of the National Conservatory of Music, whom he married in 1949.

While he was head of the orchestra, León also distinguished himself as a piano professor at the Conservatory of the National University of Colombia. He held the position of director for approximately two years until he decided to return to the United States. There he served as the director of numerous orchestras, in opera productions, and musical theater.

In 1955, León was named Assistant Director of the American Ballet Theater Orchestra. With this orchestra he traveled to various countries in Europe and in the Middle East, and appeared in many of the most important theaters in the world. He kept this position until 1958.

From that time on, he began his affiliation with various orchestras and opera and musical theater companies in the United States, such as the Dallas State Fair Orchestra in Texas, where he directed opera and musical theater productions, and the Theater Under the Stars (TUTS) company orchestra of Atlanta, Georgia, which he directed until 1960.

In 1968, he returned to direct the American Ballet Theater Orchestra, this time as the main director, a position he held until 1972, when he returned definitively to Colombia as Director of the Philharmonic Orchestra of Bogotá.

León started composing songs in 1951, when he wrote: Aves y ensueños, the first of a large number of vocal works inspired by poems of Colombian poets.

His vocal works began to be heard in the 70s, when artists like Colombian soprano Carmiña Gallo started to include his songs in recitals. The first recordings of León's songs were made in Washington D.C. at Catholic University under the sponsorship of the Organization of American States.

In 1977, León joined Colcultura (Colombian Institute of Culture) as music adviser. Among the positions that he held in the country, those that stand out are Director of the Colón Theater in Bogota, Associate Director of the Colombian Symphony Orchestra, and Director for the Colombian opera company. He also appeared as guest conductor in all of the Colombian orchestras, directing national and foreign soloists.

In 1988, he received the Order of Artistic Merit in recognition of his long and fruitful career and his invaluable contribution to the musical life of his country. Among the awards León received are the awards by the Ministry of Culture in 2001 and by the Popayan Festival of Religious Music with the "Edmundo Mosquera Troya" Order in 2003. He received the Order of Philharmonic Merit awarded by the Philharmonic Orchestra in 1996 and 2005, along with recognition of his musical career. He also received the Order of Philharmonic Merit awarded by the Philharmonic Orchestra of Bogota on August 15, 2007.

In 2005 The EAFIT University of Medellin awarded Leon by dedicating their third week of contemporary music to the performance of his compositions . In 2009, the Barcelona Festival of Song, a Summer Program dedicated to the study of the history and interpretation of the Latin-American & Spanish vocal repertoire, honored Jaime Leon by dedicating a series of concerts, lectures and classes to the study of his vocal music.

In 2013 the Ministry of Culture honored him with a concert by the National Symphony Orchestra in which his *Misa Brevis* and the Children's Songs were performed by Patricia Caicedo.

Although the majoritie of his works are for voice and piano, he also composed works for solo piano and piano and orchestra such as a piece *Tema y variaciones* (Theme and Variations), a work for two pianos called *Remembranzas* (Remembrances), the preludes *Made in USA*, and a Triptych for piano composed of a nocturne, a cumbia, and a pasillo. This work is dedicated to pianists Harold Martina, Helvia Mendoza, and Pablo Arevalo respectively. Among his symphonic productions, we find *Variaciones sobre un tema de Bizet* and his very beautiful *Misa Breve*, premiered at the Popayan Festival of Religious Music in 1980.

Thanks to the publication in 2009 of the first edition of the present book compiling his songs for voice and piano, this part of his work is gaining great international recognition and is nowadays performed on international stages. His songs are part of the curriculum of the *Barcelona Festival of Song* that every year receives singing students from around the world. His songs have been recorded by Patricia Caicedo and Nikos Stavlas for Mundo Arts Records.

León died on May 11, 2015, at his home in Bogotá, accompanied by his wife of over sixty years, Beatriz Carreño Mutis.

For his tireless work to raise the musical level in Colombia and for his work as cultural ambassador and pedagogue, Jaime León is undoubtedly one of the most important figures of art music in the twentieth century in Colombia and the United States.

CHRONOLOGY

YEAR	LIFE EVENT OR COMPOSITION
1921	Born in Cartagena de Indias, Colombia on December 18th.
1924	Leaves with his family for the United States. They settled in San Francisco, California, USA.
1929	Moved with his family to New York. Started musical studies with his father and then with Leo Holtz.
1935-1937	Studied at St. Benedict's Preparatory School in Newark, New Jersey. He lives his studies before graduation to return to Colombia.
1937-1939	Estudied with the Hermanos Cristianos en Bogotá, today Colegio de la Salle.
1939-1940	Studied at the National School of Commerce (La Escuela Nacional de Comercio) where he receives a degree in social sciences
1939-1943	Enrolled in the National Conservatory of Music of Bogotá. Studied piano with Lucía Pérez.
1941	Participated at a course of interpretation with Claudio Arrau as a teacher. Bogotá.
1943	Entered the Juilliard School of Music on September 25. Studied with Carl Friedberg and Joseph Levine.
1945	Received his degree as a pianist from The Juilliard School of Music.
1945	Obtained a scholarship to continue his composition and orchestral conducting studies at The Juilliard School of Music. Studied with Edgard Schenkman.
1947	Withdraws from the orchestral conducting program on January 23th.
1947-49	Named director of the National Symphony Orchestra of Colombia. Directs 34 concerts with important guest soloists. His last concert as a conductor was in 1949 with pianist Jesus Maria Sanroma.
1948	Returned to Juilliard School of Music and enrolls in postgraduate studies in orchestra direction. Studied with Dean Dixon. Interrupted his studies to return to his position of Dean of the National Conservatory of Music of Colombia in Bogotá.
1948-1949	Was named Dean of the National Conservatory of Music of Colombia in Bogotá where he also occupied the position of piano professor.
1948	Appeared as guest director of the Guatemalan Philharmonic Orchestra.
1949	Withdraws from Juilliard, February 24th.
1950	Organized a chamber group under the sponsorship of the Colombian National Radio.
1951	Wrote his first song, *Aves y Ensueños (Birds and Dreams)*, October 20, 1951

YEAR	LIFE EVENT OR COMPOSITION
1952	Wrote the songs *La campesina (The Peasant Woman)* May 7, 1952. *Cancion de noel (Christmas Song)*, October 31, 1952
1955-1958	Named Assistant Director of the American Ballet Theater Orchestra, serving as an assistant to Joseph Levine. Numerous trips with the ABT.
1950's	Directed musicals and operas for the Dallas State Fair.
1958	Chorus director for the production of *Medea* of the Dallas Civic Opera Company. In this production, maestro Nicholas Rescigno acts as director and Maria Callas as Medea. [Melodram MEL 26016 (1988); Gala GL 100.521 (1994).]
1964	Directed the European premiere of the Harkness Ballet
1960's	Musical Director of the Theatre Under the Stars in Atlanta, Georgia. Musical Director of the Atlanta Civic Ballet.
1968-1972	Returns to the American Ballet Theater as its Principal conductor.
1971	Directed the premiere of Duke Ellington's ballet "The River" with choreography by Alvin Ailey. The premiere took place in the Metropolitan Opera House in New York. This ballet was also presented at the inauguration of the John F. Kennedy Center for the Performing Arts in Washington D.C.
1972	Definitive return to Colombia as the Artistic Director of the Philharmonic Orchestra of Bogota. Shortly after, he was named resident director of the Colombian Opera Orchestra.
1975	Recorded some of his art songs at the Benjamin T. Rome School of Music at Catholic University in Washington, D.C. with soprano Carmiña Gallo, him playing the piano.
1976	Wrote the songs *Cancioncilla (Little Song)* and *Serenata (Serenade)*.
1977-1987	Named Adviser of the Colombian Institute of Culture (Colcultura).
1977	The Organization of American States released a recording of his songs interpreted by the soprano Carmiña and Jaime León at the piano. Wrote the songs *Gotas de Ajenjo (Drops of Wormwood)* and *A mi ciudad nativa (To My Native City)*.
1979	Wrote the songs *Letra para cantar al son del arpa (Lyrics for Singing to the Sound of the Harp)* and *A tí (To You)*.
1980	Wrote the song *Todo pasó* (It's All Over) on November 5th.
1982	Wrote the song *Algún día* (Some day).
1983	Wrote the song *Rima (Rhyme)*
1984	Wrote the song *A mi ciudad nativa (To my native city)*.

YEAR	LIFE EVENT OR COMPOSITION
1986	Wrote his cycle of children songs setting to music poestry by Ecuadorian poets. This cycle has the songs El muñeco dormilón (*The Sleepyhead Boy Dol*), Viaje (*Journey*), February 9, Caballito de Madera (*Little Wooden Horse*, February 15), Pequeña pequeñita (*Tiny Little Girl*, February 18), La tunda del negrito (*A Beating for the Little Black Boy*, February 23) and El columpio (*The Swing*, February 28).
1988	Inducted into the Order of Artistic Merit, awarded by Colombian president Virgilio Barco.
1989	Wrote the songs *Canción (Song)* and *Tu madre en la fuente (Your Mother at the Fountain)*.
2001	Inducted into the Order of Cultural Merit by the Ministry of Culture.
2001	Patricia Caicedo and Pau Casan released in Spain the CD *Art Songs of Latin America*, including two songs by Jaime León.
2002	Recording in Hungary of the CD: *Canciones de las Américas* (Songs of the Americas) which contains 4 songs from maestro León. Maria Teresa Uribe, soprano and Balazs Szokolay, piano.
2003	Decorated with the "Edmundo Mosquera Troya" Order on part of the Popayan Festival of Religious Music.
2005	The EAFIT University of Medellin celebrated the Colombo-Catalana week in homage to maestro Jaime León. April 18 to the 23th.
2005	Publication of the book *La canción artística en América Latina, antología crítica y guía interpretativa para cantantes* (The Latin American Art Song: A Critical Anthology and an interpretative guide for singers), the book includes three of his songs. Published by Edicions Tritó of Barcelona, edited by Patricia Caicedo.
2005	Release in Spain of *A mi ciudad nativa* (To My Native City), a CD including five of his songs performed by soprano Patricia Caicedo, and pianist Eugenia Gassull. Mundo Arts Records.
2009	Mundo Arts published two books with Leon´s songs for voice and piano. The launching of the book takes place at the Luís Ángel Arango Library. At the event Jaime León accompanied Patricia Caicedo interpreting some of his songs. This was his last time on stage.
2009	The Barcelona Festival of Song homaged maestro Jaime León with a series of concerts, lectures and master classes. barcelonafestivalofsong.com
2013	The Colombian Ministry of Culture homages Jaime León with the performance of his Missa Brevis and his Children´s song with the participation of Patricia Caicedo and the Colombian National Symphony.
2015	Died on May the 11th in Bogotá.
2019	Publication of the second edition of his songs for voice and piano by Mundo Arts Publications, including all his songs.
2021	The Barcelona Festival of Song celebrates the 100th anniversary of his birth.

THE DUAL VERBAL MUSICAL NATURE OF THE SONG: JAIME LEÓN AND HIS RELATIONSHIP WITH COLOMBIAN AND LATIN AMERICAN POETRY

"Poetry and music are a community, they form an intimate embrace that cannot be separated... because poetry in and of itself has a certain rhythm that I follow with music..."
Jaime León, March 11, 2008

Since the rise of the Lied or art song genre, the main motivation in its composition was to emphasize the words, the poetic text. In this union of music and poetry, the melody goes from the declaimed to the sung, and frequently unites these two elements in a single phrase. Everything emphasizes the meaning of the text. This is how the composer and performer approach the work: through the text, both are at the service of poetry.

Their composition would not be possible without poetry, which is what determines the melody, its emotional tone, its rhythm, and it bestows character and meaning upon the musical work.

It is because of this dual verbal-musical nature of the art song that it is necessary for us to focus on the poetry of the songs and on the most frequent themes if we wish to truly understand this genre.

In Colombia, as in the rest of Latin America, beginning in the 1920s, the reception of nationalist ideologies stimulated in the musical field the creative process of a generation of composers and performers that were linked to the cultivation of a repertory of folk music with an essentially national subject matter. All of this search and discovery of their own sound, through the setting to music of poems by their "own" poets, opened the doors to an array of new possibilities and experimentation.

The affinity of composers with the local poets points out a situation marking a problem common to music, poetry and the art of Latin American countries: the process of search and consolidation of a cultural identity.

If we pay attention to the most frequently treated themes in Latin-American Art Songs, we can state that love themes and descriptions of the local landscape prevail. The majority of the songs describe emotional states and situations of love-lack of love that are universal constants. The descriptions of the landscape, the distant homeland, home and community, and allusions to the land of idealized beauty are also frequent. This is primarily because these landscapes and circumstances are associated with the rural world, which is the source of folk music, a source of inspiration; most of the time, idealized inspiration for many of the composers on their nationalist search.

In Colombia, since the first half of the twentieth century, composers had a predilection for local poets, such as Jose Eustacio Rivera (1889-1928), Jose Asunción Silva (1865-1896), Otto de Greiff (1903-1995), Jorge Isaacs (1837-1895), Eduardo Carranza (1913-1985), Dora Castellanos (1924), Julio Flores (1863-1923) and Porfirio Barbajacob (1885-1942).

Jaime León has not been the exception, and he has written almost all of his vocal works utilizing poetry from the great Colombian poets. In León's own words, it was when he lived in New York that he received an anthology of Colombian poetry from the hands of composer Luis Alberto Escobar. Knowing of León's great talent, Escobar suggested to him that he set some of these beautiful poems to music, advice that León would follow throughout the years, guided by his creative impulse.

His great ability has been having the sensibility to listen to the intrinsic music of the poetry. We naturally feel how the composer follows and respects the rhythm of the words and enriches them with complex and subtle harmonies in his songs.

Paying attention to Leon´s vocal works we can conclude that he was very interested in children subjects. From his 36 songs, 18 are children related; lullabies, Christmas songs or songs in which the person who sings is a child describing his/her experiences and ways to see life. Besides children subject León have frequently chosen love poetry.

If we analized León´s songs we can conclude without a doubt, León's favorite poet was Eduardo Carranza, for whom he would set to music a total of 10 songs (*Don Paramplín, Canción de cuna, Canción, Tu madre en la fuente, Ojuelos de miel, Rima, Cancioncilla, Vago soneto, La casa del lucero, Letra para cantar al son del arpa*).

CHILDREN´S SONGS

In February 1986 Jaime León composed the cycle of children's songs *Pequeña pequeñita* with Poems of Ecuadorian Poets. The cycle was premiered by Ecuadorian soprano Beatríz Parra and Jaime León at the piano. *Pequeña pequeñita* has six songs, they describe various experiences from the perspective of a young child, it also explores various emotions of childhood and situations that integrate childhood, a decidedly Latin American childhood in forms of expression, in regional words, in rhythms and the descriptions of local situations.

Pequeña pequeñita is narrated in the first person by a little girl of about five years old. She explores her house, plays with her toys and dreams of the arrival of her beloved father. The poem is by the prominent author and editor of children's books **Francisco Delgado Santos (Cuenca, 1950)**. By the same poet are the texts of the *El muñeco dormilón* and *Caballito de Madera*.

The *Muñeco dormilón* is narrated by a child who describes his mother's efforts to sleep him and the scolding and tricks she uses to persuade to behave and to sleep. It is written in Bambuco rhythm, a folk syncopated rhythm of the Colombian Andean area.

Caballito de Madera narrates a fascinating story also seen from the perspective of a child of about eight years. The child is playing with its wooden horse, exploring fantastic universes in which he discovers princesses and ogres. This song is rich in descriptions and characters; it is colorful and cheerful.

In contrast, the song *Viaje* is a sad lullaby, which describes the reality of poor children who sleep in the streets, homeless children who dream of traveling to fantastic and magical universes to get away from their harsh reality. It is a sad song with an element of social criticism because it describes a reality that is still present in Latin America and in many places in the world where thousands of children live in the streets, without any protection from the state. The poem is by Renan de la Torre (Quito, 1945-2005), as is the text of *El Columpio*.

INTERPRETATIVE GUIDE AND SPANISH DICTION GUIDE

L'essentiel dans l' art est l'expression
Victor Cousin

Performing the art song entails special challenges for the singer, who should know the poem and its meaning perfectly, as well as the rhythm of the spoken words. Structure, verse movement, line organization, rhyme, and stanzas determine the manner for performing these songs.

To obtain the optimal performance of these songs, we suggest that the singer read the text very well, that he or she recite it and understand it. In order to do this, in case one's mother tongue is not Spanish, he or she can use the International Phonetic Alphabet transcriptions and the English translations that can be found on the page before every song.

We have provided the poetic texts and its translations, before the music, in order to make the singer read the poetry first, and enter into the poet's universe and perceive the emotional subtleties of the text before having contact with the music.

In all of the songs, but especially in the ones with stanza form, structured very similarly to popular songs – because in them the same musical theme is repeated over and over again, but with different stanzas – the contribution of the singer is especially important because he or she gives life to the song and makes it interesting through the change of coloration and the intensity of voice. It is the singer who gives the song expression according to the meaning.

We must remind the singer that his or her final objective is to communicate, to tell a story, to communicate a feeling. It is more than showing a beautiful voice; the singer is communicating and this is why it is so important to interiorize the text and its meaning and to try to find in one's own memories, in one's own life, similar feelings that could help us when the time comes to perform.

Once one has read this text numerous times and has understood its meaning, we suggest identifying its climatic points, in other words, the phrase or phrases that synthesize or resolve the emotional content of the piece. Every singer will express the emotions contained in the song in his or her own way, and will reveal the climax of the song in a personal way. As the singer works on the songs with the pianist, he or she will begin identifying other climatic points related to the melody, the accompaniment, and with his or her own sensibility.

In León's works, it is especially important to work on the rhythms and the melodic lines – long sustained lines that accentuate the poetic content, most of the time.

Spanish Diction Guide

Regarding the pronunciation of Colombian Spanish, we find ourselves on the topic of regional accents, which generates controversy due to the great diversity of accents and pronunciations that exist in Colombia's vast geography.

Every region has its characteristic accent. This diversity of pronunciations makes the establishment of norms difficult, because there would be an endless number of them, which would be very impractical when it came to performing the songs. What we can do is point out general pronunciation tendencies, whether of constant or sporadic nature, which we suggest should be put into practice when it comes time to perform songs in Spanish written by Latin American composers. They are:

1. Spanish is a vocalic language.

2. Spanish is a "see it, say it" language.

3. There are 3 extra letters in the alphabet. They are the " ll, ñ and rr".

4. The vowels are the same as in English except for their pronunciation.

5. There are 5 vowels in Spanish: /a/, /e/, /i/, /o/, /u/
En English we can find sounds similar than the Spanish vowel sounds:
È /a/ like in "father or yacht"
È /e/ like in "eight or weight"
È /i/ like in "ee in meet"
È /o/ like in "cough"
È /u/ like in "oo" in tooth or smooth

6. **Y**: Sounds like the Spanish vowel "/i/" when it's alone or at the end of a word. Y also is the conjunction "and" in Spanish.

7. In Spanish the following consonants sound similar to their English counterparts:

The following consonants sound similar to their English counterparts.
B /b/ banana/cabo
M /m/ madre
*D /d/ dedo/cada/pared (non aspirated)
N /n/ nada
F /f/ foto/teléfono
*P /p/ papa/mapa (*non aspirated)
K /k/ kilo
S /s/ soda/buenos
L /l/ largo
*T /t/ tapa/meta (non aspirated)

8. Consonants NON like in English

Ñ /ɲ/ español / niño -año/ñame/ pequeño sueño-uña /mañana.
Q (always paired with u) /k/ quiero/ qué / guirnalda - queso.
R (beginning of word) rolled /r/ Rico/ rumor.
r (middle of word) / ɾ/ mira/Uruguay
rr always rolled carro/carrera.
The only difference between the phonemes / ɾ / and / r / is in the number
of contacts the tip of the tongue has against the upper alveolar ridge. / ɾ /
Has just one rapid contact, whereas / r /
has multiple contacts.
The multiple vibrant /r/ is found at the beginning of words like Rosa /rosa/ or in
the middle of words like in Corral / koral/.

9. In Spanish from Spain, the ceceo phenomenon exists, which means every time that the letters /c/ and /z/ are followed by i or e, they are pronounced [θ]. It is a fricative that is pronounced by sticking out the tongue and putting it between one's teeth, as in the /th/ sound

these same letters are pronounced like s [s], which is called seseo.

10. Leveling of the /ll/ and /y/: This phenomenon known as yeismo appears in almost all of Latin America, but it is predominantly urban. It is characterized by a lack of distinction between the /ll/ and the /y/. The sound of the /ll/ is reduced to the [j].

11. Aspiration or loss of the /s/ at the end of syllables: this characteristic of sporadic nature can be found mostly in the Atlantic and Pacific coastal regions of Colombia. In the rest of the country the /s/ is pronounced normally, so we recommend that the singer be very careful in his or her pronunciation.

12. In Spanish the periodicity is determined by the duration of each syllable. The duration of the Spanish Syllable are the same.

SOBRE LA AUTORA / ABOUT THE AUTHOR

Patricia Caicedo
soprano y musicóloga

Una de las más activas intérpretes del repertorio vocal Ibérico y latinoamericano, la soprano hispano-colombiana Patricia Caicedo ha actuado en escenarios de Europa y las Américas.

Sus CDs incluyen: *Más que nunca: Colombian Art Songs by Jaime León* (2019), *Miraba la noche el alma: Art Songs by Latin American women composers* (2016), *Amb veu de dona: Catalan art songs by women composers* (2016), *De Catalunya vinc… Catalan Art Songs of the 20th Century* (2015), *Aves y Ensueños: Colombian Art Songs by Jaime León* (2011), *Estrela é Lua nova* (2011), *De mi corazón latino - Latin Songs of All Time* (2010), *A mi ciudad Nativa: Canciones Artísticas de América Latina* (2005) y *Lied: Art songs of Latin America* (2001).

Como experta en el estudio e interpretación del repertorio vocal Iberoamericano es invitada con frecuencia a dar clases en universidades de los Estados Unidos y Europa. Ha publicado ocho libros, considerados de referencia en su campo.

Patricia es la fundadora y directora del **Barcelona Festival of Song**®, curso de verano y ciclo de conciertos dedicado al estudio de la historia y la interpretación del repertorio vocal Iberoamericano que en 2019 llega a su decimoquinta edición.

Por su valioso aporte a la música Iberoamericana fue incluida a partir del 2008 en la prestigiosa publicación *Who´s Who in America* y a partir del 2010 en *Who´s Who in American Women* and *Who´s Who in the World*.

Es doctora en musicología por la Universidad Complutense de Madrid y médica por la Escuela Colombiana de Medicina.

Patricia Caicedo
Soprano & Musicologist

"She is something of an ambassador for Latin-American songs, regularly presenting this repertoire in recitals and concert-lectures around the world."
Dr. Jonathan Kulp –
Latin American Music Review - Dec. 2006

A multifaceted artist, Colombian-Spanish soprano and musicologist Patricia Caicedo is one of the leading interpreters of the Iberian and Latin American Art Song Repertoire, having sung in the United States, Europe, and Latin America.

She has recorded nine CDs dedicated to the Latin American & Iberian Repertoire in Spanish, Catalan, Portuguese and indigenous languages.

As a musicologist, Caicedo is internationally recognized as a leading expert in the study and performance of the Iberian and Latin American art song frequently presenting master classes and lectures at American Universities. She has published eight books considered reference in the field.

Patricia is the founder and director of the **Barcelona Festival of Song**®, a 10-day Summer Course & performance series on the history and interpretation of the Latin American and Spanish Vocal repertoire.

Since 2008 Patricia is included in the *Who's Who in America*, *Who's Who in American Women*, and *Who´s Who in the World*, a leading biographical reference publisher of the highest achievers from across the world.

Patricia holds a Ph.D. in musicology from the Universidad Complutense de Madrid and a Medical Doctor´s degree from the Escuela Colombiana de Medicina.

@patriciacaicedobcn

patriciacaicedo.com

II. TEXTOS POÉTICOS
POETIC TEXTS

PEQUEÑA, PEQUEÑITA
Francisco Delgado Santos, Cuenca, Ecuador, 1950

Soy todavía pequeña, pequeñita
Pero ya puedo andar cómo una señorita
Aunque de vez en cuando se enreda mi escarpín
Corro por la cocina, la sala y el jardín.

Cuando llego llegar a papi del trabajo
No corro sino vuelo escaleras abajo
Pero cómo él es alto solo abrazo sus piernas
Y escondo mi carita entre sus manos tiernas.

Ya pinto las paredes cómo una artista
Y me muero de miedo cuando hablan del dentista
Porque a pesar de todo cómo mi muñequita
Soy todavía, pequeña pequeñita.

TINY LITTLE GIRL

I'm still a tiny little girl
But I can now walk around like a young lady
Even though sometimes my pointed shoes get tangled.
I run around the kitchen, the parlor, and the garden.

When I see Daddy get home from work
I don't run, instead I fly down the stairs.
But since he is tall, I only hug his legs
And I hide my little face between his tender hands.

I now paint the walls like an artist
And I get scared to death when they talk about the dentist.
Because despite everything, like my doll,
I'm still a tiny little girl.

EL MUÑECO DORMILÓN
Francisco Delgado Santos, Ecuador, 1950

Cuando yo estaba en la escuela
Me gustaba una canción
Que relataba la historia del niño dormilón

Erase una vez un niño pequeñito y remolón
Que no quizo levantarse para estudiar su lección
Y cómo jamás hiciera caso a papá o a mamá
Lo convirtió una extranjera en muñeco dormilón.

Cuentan que a partir de entonces se oye cantar este son:
Pimpirín, pirinpón
Ponte saco y pantalón
Sal de la cama pequeño
Pimpirín, pirinpón
Ya no debes tener sueño
Ponte saco y pantalón.

Pedacito de granuja
Te convertirá la bruja en muñeco dormilón

Pimpirín, pirinpón
Ponte saco y pantalón
Sal de la cama pequeño
Pimpirín, pirinpón
Ya no debes tener sueño
Pimpirín, pirinpón.

THE SLEEPYHEAD BOY DOLL

When I was in school
I liked a song
That told of the story of the sleepyhead boy.

Once upon a time there was a little, lazy boy
Who didn't want to get up to study his lessons.
And since he never paid attention to his dad or mom,
A strange woman turned him into a sleepyhead boy doll.

They say that from then on, this song can be heard:
Pimpirin, pirinpon
Put a jacket and pants on.
Get out of bed little boy.
Pimpirin, pirinpon
You shouldn't be sleepy anymore.
Put a jacket and pants on.

You little rascal,
The witch will turn you into a sleepyhead boy doll.

Pimpirin, pirinpon
Put a jacket and pants on.
Get out of bed little boy.
Pimpirin, pirinpon
You shouldn't be sleepy anymore.
Put a jacket and pants on.

Pimpirín, pirinpón
Ya no debes tener sueño
Pimpirín, pirinpón.

Pedacito de granuja
Te convertirá la bruja en muñeco dormilón

Pimpirín, pirinpón
Ponte saco y pantalón
Sal de la cama pequeño
Pimpirín, pirinpón
Ya no debes tener sueño
Pimpirín, pirinpón.

VIAJE
Renan de la Torre, Ecuador, 1945-2005

En la calle triste, cual si fuese cuna
Se durmió mi niño bajo la lluvia.

Se durmió soñando, morado de frío
Que iba sin barco llevándose el río
y en su extraño sueño desnudo subía
por cauces fugaces De azul melodía.

Y allá en la distancia,
Mil seres de espuma
Besaron su cuerpo
Vestido de luna.

CABALLITO DE MADERA
Francisco Delgado Santos, Ecuador, 1950

Caballito de madera
Valiente y noble alazán
Compañero de mis sueños
 De jinete y capitán.

Tan pronto dejo la escuela
Corro a buscarte en mi hogar
Y te enseño castellano
Antes de hacerte trotar.

Cuando cabalgo en tu cuerpo
Conquisto reinos de amor
Y siento que poco a poco
Me voy haciendo señor.

Juntos vamos por el campo
Entonando una canción
Que suena linda y sincera
Porque es flor del corazón.

Somos amigos del viento,
Las cometas y las hadas
A nuestro paso despiertan
Las princesas encantadas.

Pimpirin, pirinpon
You shouldn't be sleepy anymore.
Put a jacket and pants on.

You little rascal,
The witch will turn you into a sleepyhead boy doll,

Pimpirin, pirinpon
Put a jacket and pants on.
Get out of bed little boy.
Pimpirin, pirinpon
You shouldn't be sleepy anymore.
Put a jacket and pants on.

JOURNEY

In the sad street, as if it were a crib
My little boy fell asleep in the rain.

He fell asleep dreaming, purple with cold
That the river was carrying off without a boat.
And in his strange dream, he floated naked
Along fleeting channels of blue melody.

And there in the distance,
A thousand creatures of foam
Kissed his body
That was dressed in the moon.

LITTLE WOODEN HORSE

Little wooden horse
Brave and noble steed
Companion of my dreams
Of rider and captain.

As soon as I leave school
I run to look for you at home
And I teach you Spanish
Before making you trot.

When I ride on your back
I conquer kingdoms of love
And I feel that little by little
I'm becoming a grown man.

Together we ride through the countryside
Singing a song
That sounds pretty and sincere
Because it comes straight from the heart.

We're friends with the wind,
The kites and the fairies.
At our step, we awaken
Enchanted princesses.

Peleamos cómo en los cuentos
Contra un ogro comelón
Y contra un duende perverso
Disfrazado de dragón.

Vivimos mil aventuras
Contigo fiel alazán
Sueños que vienen al paso
Y que al galope se van.

LA TUNDA PARA EL NEGRITO
Adalberto Ortíz, Ecuador, 1914- 2003

Portate bien mi morito
Pa´que yo te dé café
Porque si viene la tunda,
La tunda te va cogé.

No te escondas mi negrito
Que ya te voy a buscá
Y si la tunda te encuentra
La tunda te va tundá.
Pa duro te voy criando
Y no pa flojo, sabé
Y si te agarra la tunda,
La tunda te vá cogé.

No quiero que sea bruto
Sino que sepa leé
Que si te coge la tunda
La tunda te va comé.

Y no te dejes de nadie
Respétame solo a mi
Porque ya viene la tunda,
La tunda ya va vení.

Échate pronto en tu magua
Que no te voy a pegar
Huy! Que ya llegó la tunda,
La tunda ya va a llegá.

EL COLUMPIO
Renan de la Torre, Quito, 1945-2005

Vuela pequeñito, vuela dulce amor
Columpia en el cielo tu fresco candor.

Vuela pequeñito
Pasta tiernas nubes
Ovejas de plata
en prados azules.

Vuela pequeñito
Cuélgate del sol
Pónle en su pechera
Este girasol.

We fight like in the stories
Against a gluttonous ogre
And against a wicked goblin
Disguised as a dragon.

We've lived a thousand adventures
Together my loyal steed
Dreams that come on tiptoe
And go galloping away.

A BEATING FOR THE LITTLE BLACK BOY

Be good my little black boy
If ya want me to give ya some coffee.
Cause if the beating comes,
The beatin's gonna getcha.

Don't ya hide little black boy
Cause I'm already lookin' for ya,
An' if the beating finds ya
The beatin's gonna beat ya.
I been raisin' ya to be tough
An' not to be lazy, ya know,
An' if the beating catches ya,
The beatin's gonna getcha.

I don't want ya to be dumb.
I want ya to be able to read,
Cause if the beating gets ya
The beatin's gonna eat ya.

An' don't let nobody take advantage of ya
Jus' respect only me
Cause the beating's comin' now
Here comes the beatin'.

Get in ya bed right quick,
Cause I'm not gonna hit ya
Ay! The beating's already here,
The beatin's about to get here.

THE SWING

Fly little boy, fly sweet love,
Swing your innocence into the sky

Fly little boy,
Graze tender clouds,
Sheep of silver
In blue meadows.

Fly little boy,
Hang from the sun.
Pin to its shirt front
This sunflower.

III. TRANSCRIPCIÓN FONÉTICA
PHONETIC TRANSCRIPTION

PEQUEÑA PEQUEÑITA

Soy todavía pequeña, pequeñita
soj to.daˋβia peˋke.ɲa pe.keˋɲi.ta

pero ya puedo andar como una señorita
pe.ɾo ʤa ˋpwe.doanˋdaɾ ˋko.mow na se.ɲoˋɾi.ta

Aunque de vez en cuando se enreda mi escarpín
ˋawŋ.ke de βes en ˋkwan.do senˋreða mjesˋkaɾ.pin

Corro por la cocina, la sala y el jardín.
ko.ro por la ko.ˋsi. na la ˋsa.la jel xaɾ.ˋðin.

Cuando siento llegar a papi del trabajo
kwan.doˋsjen.to ʤeˋɣaɾ a ˋpa.pi ðel traˋβa.xo

No corro sino vuelo escaleras abajo
no ˋko.ro sî noˋbwe.lo es.kaˋle.ɾas aˋβa.xo

pero como él es alto sólo alcanzo sus piernas
pe.ɾo ˋko.mo el es ˋal.toˋso.lo alˋkan.so sus ˋpjeɾ.nas

Y escondo mi carita entre sus manos tiernas
jesˋkon.do mi kaˋɾitaen.tɾe sus ˋma.nosˋtjeɾ.nas

Ya pinto las paredes como una artista
ʤaˋpin.to las pa.ˋɾe.ðes ˋko.mow naɾ.tis.ta

Y me muero de miedo cuando hablan del dentista
i me ˋmwe.ɾo de ˋmje.ðo ˋkwan.do ˋa.βlan del denˋtis.ta

Porque a pesar de todo cómo mi muñequita
por.kea peˋsaɾ de ˋto.do ˋco.mo mi mu.ɲeˋki.ta

Soy todavía pequeña, pequeñita
soj to.daˋβia peˋke.ɲa pe.keˋɲi.ta

EL MUÑECO DORMILÓN

Cuando yo estaba en la escuela me gustaba una canción
kwan.do d͡ʒo esˋta.βa en la esˋkwe.la me gus.ta.βa u.na kanˋsion

Que relataba la historia del niño dormilón.
ke re.la.ta.βa la isˋto.rja del ˋni.ɲo doɾ.mi ˋlon

Érase una vez un niño pequeñito y remolón
eɾa.se‿w.na βes un ni.ɲo pe.keˋñi.toj re.moˋlon

Que no quizo levantarse para estudiar su lección
ke no ki.so le.βanˋtaɾ.se pa.ɾa‿es.tuˋðjar su lekˋsjion

Y cómo jamás hiciera caso a papá o a mamá
i̯ ko.mo xaˋmas i.sje.ɾa ka.so a paˋpa o‿a maˋma

Lo convirtió una extranjera en muñeco dormilón
lo konˋβiɾˋtiow.na‿eks.tranˋxe.ɾa en muˋɲe.ko doɾ.miˋlon

Cuentan que a partir de entonces se oye cantar este són:
kwen.tan ke a paɾ.tiɾ denˋton.ses ˋse‿o.ye kan.taɾˋes.te son

Pimpirim pirimpompón ponte saco y pantalón
pim.pîɾim pîɾim pomˋpon ˋpon.teˋsa.coj pan.taˋlon

Sal de la cama pequeño, pimpirim, pirimpompón
sal de la ˋka.ma peˋke.ɲo, pim.pîɾim pîɾim pomˋpon

Ya no debes tener sueño, ponte saco y pantalón
d͡ʒa no de.βes te.neɾ ˋswe.ɲoˋpon.teˋsa.koj pan.taˋlon

Pedacito de granuja, sino estudias la lección
pe.ɖaˋsi.ti de gɾaˋnu.xa sî no‿esˋtu.ðias la lekˋsjon

Te convertirá la bruja en muñeco dormilón
te konˋβeɾ.ti.ɾa la bru.xa‿en muˋɲe.ko doɾ.mîlon

VIAJE

En la calle   triste cual si fuese cuna
en la ˈka.d͡ʒe ˈtris.teˈkwal siˈfwe.se ku.na

se durmió mi niño bajo de la luna
se durˈmjo mi ni.ɲo ba.xo de laˈlu.na

Se durmió soñando morado de frio
se durˈmjo soˈɲan.do moˈra.ðo de ˈfri.o

que iba sin barco, llevándose el rio
ke ˈi.βa sin baɾ.ko d͡ʒeˈβan.ðo.se‿el ˈri.o

Y en su extraño sueño desnudo subía
jen su eksˈtra.ɲo ˈswe.ɲo desˈnu.ðo suˈβja

por cauces fugaces de azul melodía.
poɾ ˈkwu.ses fu.ɣa.ses de‿aˈsul me.loˈðia

Y allá en la distancia mil seres de espuma
ia̯ ˈd͡ʒa en la disˈtan.sja mil ˈse.ɾes de esˈpu.ma

besaron su cuerpo vestido de luna
beˈsa.ɾon su ˈkweɾ.po besˈti.ðo de lu.na

47

CABALLITO DE MADERA

Caballito   de madera   Valiente   y   noble alazán
ka.βa`d͡ʒi.to   de ma`ðe.ɾa   ba`ljen.te i no.ble a.la`san

Compañero de mis sueños de jinete y capitán.
kom.pa`ɲe.ɾo de mis `swe.ɲos de xĩ ne. te i ka.pĩ tan

Tan pronto dejo la escuela corro a buscarte en mi hogar
tan `pron.to `de.xo laes`kwe.la ko.ro a bus`kar.te en mjo`ɣaɾ

Y te enseño castellano   Antes de hacerte trotar.
i te en`se.ɲo kas.te`d͡ʒa.no `an.tes de a`ser.te tro`tar

Cuando cabalgo en tu cuerpo conquisto reinos de amor
kwan.do ka`βal.ɣo en tu kwer.po kon`kis.to `rei.nos dea`mor

Y siento que poco a poco me voy haciendo señor
i`sjen.to ke`po.ko a`po.ko me`boia̯`sjen.ðo se`ɲoɾ

Juntos vamos por el campo entonando una canción
xun.tos `ba.mos por el `kam.po en.to`nan.dow.na kan`sjon

Que suena linda y sincera porque es flor del corazón.
ke`swe.na lin.dajsin`se.ɾa `por.kes floɾ del ko.ɾa`son

Somos amigos del viento, las cometas y las hadas
so.mos a`mi.ɣos del`bjen.to las ko`me.tas i las `a.ðas

A nuestro paso despiertan las princesas encantadas.
a `nwes.tro`pa.so des`pjer.tan las prin`se.sas en.kan`ta.ðas

Peleamos como en los cuentos contra un ogro comelón
pe`lea.mos`ko.mo en los `kwuen.tos`kon.trawn `o.ɣɾo ko.me`lon

Y contra un duende perverso disfrazado de dragón
i`kon.trawn `dwen.ðe per`βer.so dis.fra`sa.do de dra`ɣon

vivimos mil aventuras contigo fiel alazán
bĩ βi.mos mil aben`tu.ɾas kon`ti.ɣo fjel a.la`san

sueños que vienen al paso y que al galópe se van
swe.ɲos ke`bje,nen al pa.so i keal ga`lo.pe se ban

LA TUNDA DEL NEGRITO

Portate bien mi morito Pa´que yo te dé café
por.ta.te `bjen mi mo`ɾi.to pa.ke d͡ʒo te `de ka`fe

Porque si viene la tunda, la tunda te va cogé.
poɾ.ke si `bje.ne la `tun.ða la `tun.ða te ba ko`ɣe

No te escondas mi negrito que ya te voy a buscá
no tes`kon.das mi ne`ɣɾi.to ke d͡ʒa te boi a bus`ka

Y si la tunda te encuentra la tunda te va tundá
i si la`tun.ða ten`kwen.tra la`tun.ða te ba tun`ða

Pa duro te voy criando y no pa flojo, sabé
pa `du.ɾo te boi `kɾjan.ðo i no pa`flo.xo sa`βe

Y si te agarra la tunda, la tunda te vá cogé.
i si tea̯`ɣa.ra la`tun.ða la `tun.ða te ba ko`ɣe

No quiero que sea bruto sino que sepa leé
no`kje.ro ke sea̯ bɾu.to sî no ke `se.pa le`e

Que si te coge la tunda la tunda te va comé.
ke si te `ko.ɣe la `tun.ða la `tun.ða te ba ko`me

Y no te dejes de naide respétame solo a mi
i no te `de.xes de `nái.ðe res`pe.ta.me `so.lo a mi

Porque ya viene la tunda, la tunda ya va vení
poɾ`ke d͡ʒa `bje.ne la `tun.ða la`tun.ða d͡ʒa ba be`ni

Échate pronto en tu magua que no te voy a pegar
e.t͡ʃa.te `pɾon.to en tu `ma.ɣwa ke no te boi a pe`ɣaɾ

Huy! Que ya llegó la tunda, la tunda ya va a llegá.
uj ke d͡ʒz d͡ʒe`ɣo la `tun.ða la`tun.ɖða d͡ʒa ba a d͡ʒe`ɣa

EL COLUMPIO

Vuela pequeñito, vuela dulce amor
ˈbwe.la pe.keˈɲi.to ˈbwe.la dul.seaˈmoɾ

Columpia en el cielo tu fresco candor.
koˈlum.pia en el ˈsje.lo tu ˈfres.ko kanˈdor

Vuela pequeñito pasta tiernas nubes
ˈbwe.la pe.keˈɲi.to ˈpas.ta ˈtjer.nas nu.βes

Ovejas de plata en prados azules.
oˈβe.xas de ˈpla.ta en ˈpɾa.dos aˈsu.les

Vuela pequeñito cuélgate del sol
ˈbwe.la pe.keˈɲi.to ˈkwel.ɣa.te del sol

Pónle en su pechera este girasol.
ˈpon.le en su peˈt͡ʃe.ɾa ˈes.te gi.ɾaˈsol

IV. PARTITURAS
PARTITURES

Ciclo de Canciones Infantiles

I. Pequeña pequeñita

Poesía de
Francisco Delgado Santos
(1950*)

Música de
Jaime León Ferro
(1921-2015)

©Jaime León - Francisco Delgado Santos
© Mundo Arts Inc, New York, 2009

II. El muñeco dormilón

Poesía de
Francisco Delgado Santos
(1950*)

Música de
Jaime León Ferro
(1921-2015)

Cuando yo estaba en la escuela... me gustaba una canción... que relataba la historia del niño dormilón

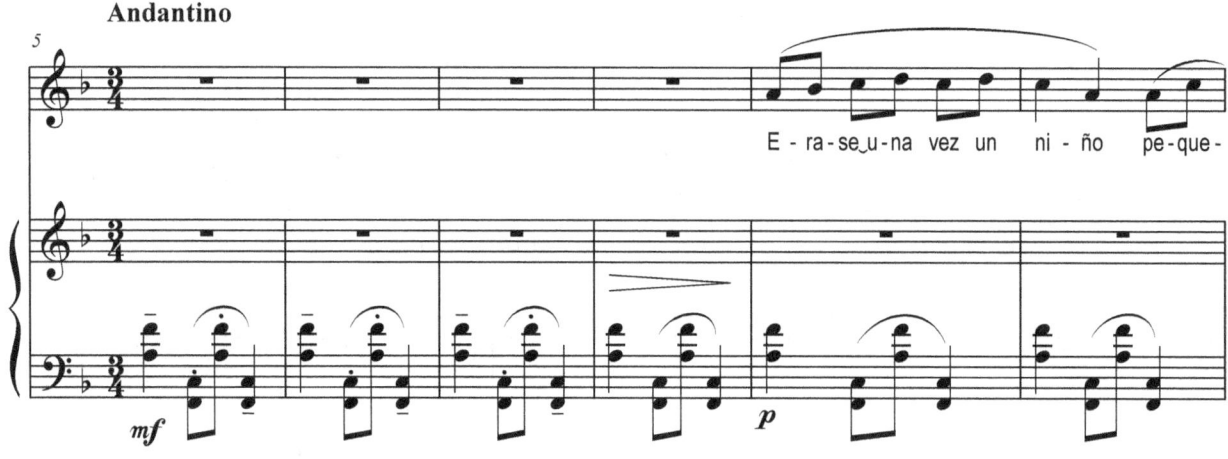

E-ra se u-na vez un ni-ño pe-que-

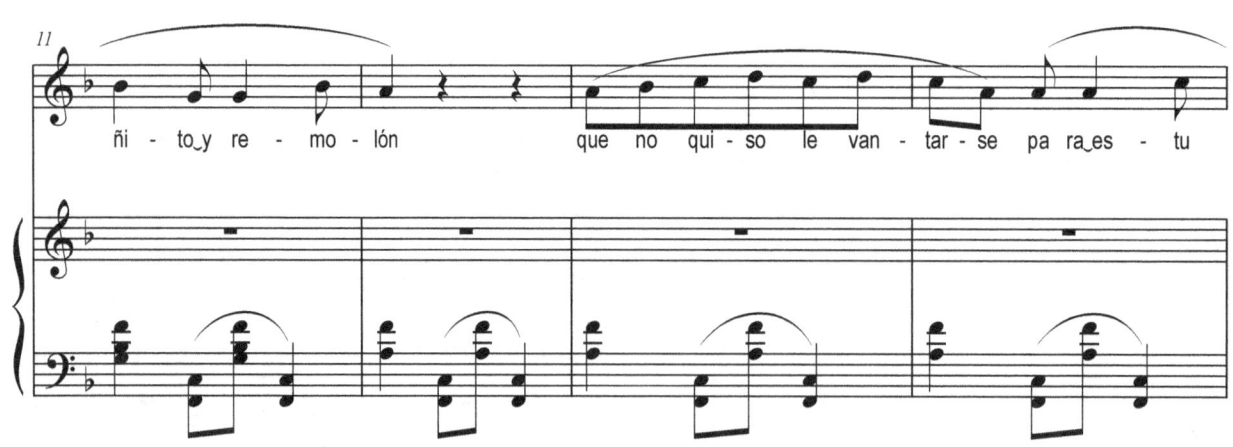

ñi-to y re-mo-lón que no qui-so le-van-tar-se pa-ra es- tu-

III. Viaje

Poesía de
Renan de la torre
(1945-2005)

Música de
Jaime León Ferro
(1921-2015)

IV. Caballito de madera

Poesía de
Francisco Delgado Santos
(1950*)

Música de
Jaime León Ferro
(1921-2015)

©Jaime León - Francisco Delgado Santos
© Mundo Arts Inc, New York, 2009

V. La tunda del negrito

Poesía de
Adalberto Ortiz
(1914 -2003)

Música de
Jaime León Ferro
(1921-2015)

©Jaime León - Adalberto Ortíz
© Mundo Arts Inc, New York, 2009

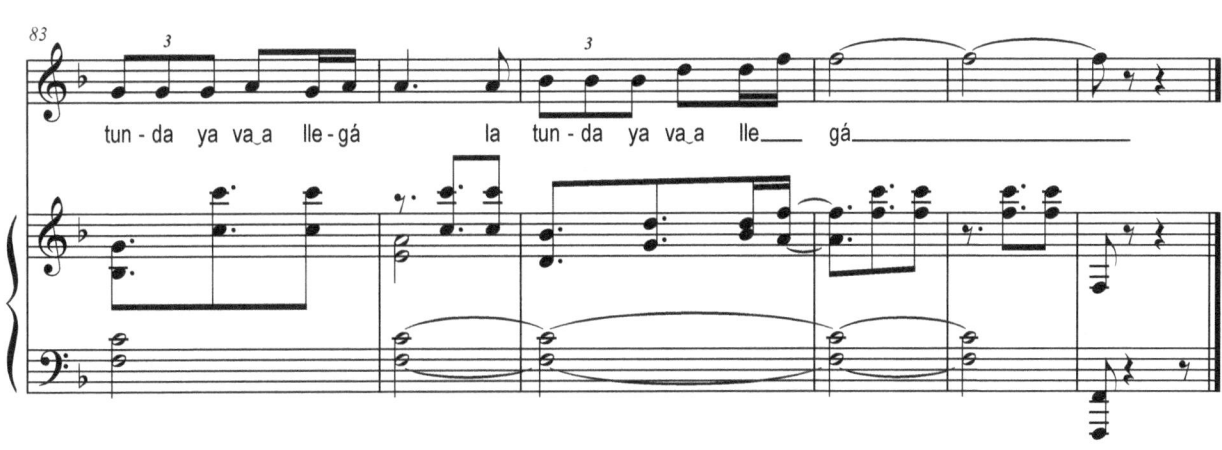

VI. El Columpio

Poesía de
Renán de la Torre
(1945-2005)

Música
Jaime León Ferro
(1921-2015)

Vue - la vue - la pe - que - ñi - to vue - la dul - ce_a - mor co - lum - pia en el cie - lo tu

©Jaime León - Renan de la torre
© Mundo Arts Inc, New York, 2009

Índice de Canciones - Song Index

I. Pequeña, pequeñita	*The little girl*	52
II. El muñeco dormilón	*The sleepyhead boy doll*	56
III. Viaje	*Journey*	60
IV. Caballito de madera	*Little Wooden Horse*	62
V. La tunda del negrito	*A beating for the little black boy*	68
VI. El columpio	*The swing*	72

Summer Program for Classical Singers of History and Interpretation
of the Iberian and Latin American Vocal Repertoire
in Spanish, Portuguese and Catalan.

barcelonafestivalofsong.com

 @bcnfestivalofsong

Your source of sheet music, books and CDs
of Iberian & Latin American Music and Arts.

mundoarts.com

 @mundoarts.com

www.ingramcontent.com/pod-product-compliance
Lightning Source LLC
Chambersburg PA
CBHW080230100526
44584CB00022BA/3190